I0842983

9 781690 688617